MW01632935

OTROS LIBROS DE JEFF KINNEY:

Diario de Greg. Un renacuajo

Diario de Greg 2. La ley de Rodrick

Diario de Greg 3. ¡Esto es el colmo!

Diario de Greg 4. Días de perros

Diario de Greg 5. La cruda realidad

DIARIO de Greg

Hazlo tú mismo

Jeff Kinney

PEGA
AQUÍ
TU FOTO
↓

MOLINO
OCEANO Travesía

NOTA DEL EDITOR:

Ésta es una obra de ficción. Los nombres, personajes, lugares y eventos son producto de la imaginación del autor o están usados de manera ficticia, así que cualquier parecido con personas reales, vivas o fallecidas, establecimientos comerciales, sucesos o lugares, es fortuito.

Título original: *The Wimpy Kid Do-It-Yourself Book.*

Publicado por acuerdo con Amulet Books, una división de Harry N. Abrams, Inc.

Segunda edición: 2012
ISBN: 978-607-400-754-1

Impreso en México / *Printed in Mexico*

ESTE LIBRO PERTENECE A:

EN CASO DE EXTRAVÍO,
POR FAVOR DEVUÉLVALO
A LA SIGUIENTE DIRECCIÓN:

(NO SE GRATIFICARÁ)

¿Y ahora qué?

Bueno, ahora éste es tu libro. Así que en teoría puedes hacer con él lo que quieras.

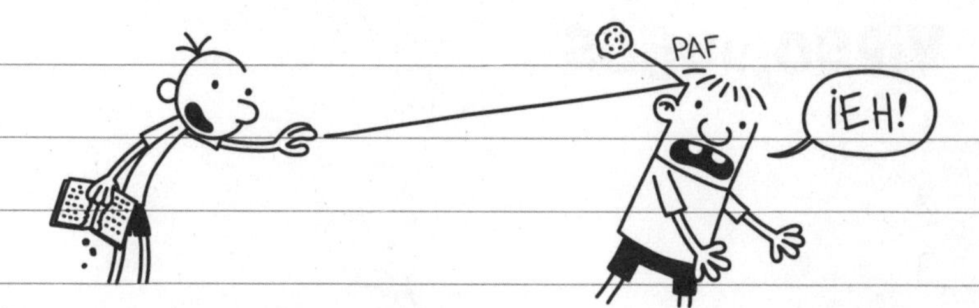

Pero si empiezas a escribir algo, procura acabarlo. Un día vas a querer enseñarle a la gente cómo eras de chavo.

En cualquier caso, no se te ocurra escribir aquí tus "sentimientos". NO es el clásico diario íntimo.

¿Qué te llevarías a una

Si te dejaran solo y abandonado el resto de tu vida, ¿qué quisieras tener contigo?

Videojuegos

1.
2.
3.

Música

1.
2.
3.

ISLA Desierta?

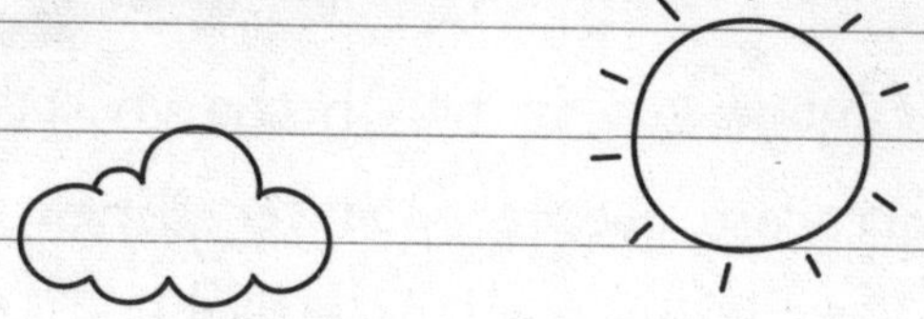

Libros

1.
2.
3.

Películas

1.
2.
3.

Alguna

¿Alguna vez te han hecho un corte de pelo tan horroroso que te daba vergüenza que te vieran en la escuela?

SÍ ☐ NO ☐

¿Alguna vez has tenido que ponerle bronceador a un adulto?

SÍ ☐ NO ☐

¿Alguna vez te ha mordido un animal?

SÍ ☐
NO ☐

¿Alguna vez te ha mordido un ser humano?

SÍ ☐
NO ☐

¿Alguna vez te han dado ganas de estornudar con la boca llena de polvorón?

SÍ ☐ NO ☐

VEZ...

¿Alguna vez te has hecho pipí en la alberca?

SÍ ☐ NO ☐

¿Alguna vez ha intentado comerte a besos una tía abuela de más de 80 años?

SÍ ☐ NO ☐

¿Alguna vez el padre de tu amigo te ha echado de su casa?

SÍ ☐ NO ☐

¿Alguna vez has tenido que cambiar un pañal?

¿ME AYUDAS?

SÍ ☐ NO ☐

PRUEBA DE

¿Cuál es tu ANIMAL favorito?

____

Escribe CUATRO ADJETIVOS para explicar por qué te gusta ese animal:

(POR EJEMPLO: AMISTOSO, DIVERTIDO, ETC.)

____________________ ____________________

____________________ ____________________

¿Cuál es tu COLOR favorito?

____

Escribe CUATRO ADJETIVOS para explicar por qué prefieres ese color:

____________________ ____________________

____________________ ____________________

Los adjetivos que has escrito para tu animal favorito describen LO QUE PIENSAS DE TI MISMO.

Los adjetivos que has escrito para tu color favorito describen LO QUE LOS DEMÁS PIENSAN DE TI.

PERSONALIDAD

CONTESTA LAS PREGUNTAS Y LUEGO PON EL LIBRO DEL REVÉS PARA ENTERARTE DE ALGUNAS COSAS SOBRE TI MISMO.

¿Cómo se titula el último LIBRO que has leído?

____

Apunta CUATRO ADJETIVOS para describir tu opinión sobre ese libro:

______________ ______________

______________ ______________

¿Cuál es tu PELÍCULA favorita?

____

Anota CUATRO ADJETIVOS para explicar por qué te gustó esa película:

______________ ______________

______________ ______________

Los adjetivos que apuntaste para el último libro que has leído describen LO QUE PIENSAS DEL COLEGIO.

Los adjetivos que anotaste para tu PELÍCULA favorita describen CÓMO SERÁS dentro de 30 años.

Historietas

¡Gajes del oficio!

Sin terminar

¡Gajes del oficio!

DiBuja tus ProPias

Historietas

¿Qué hay Dentro De tu

CEREBRO?

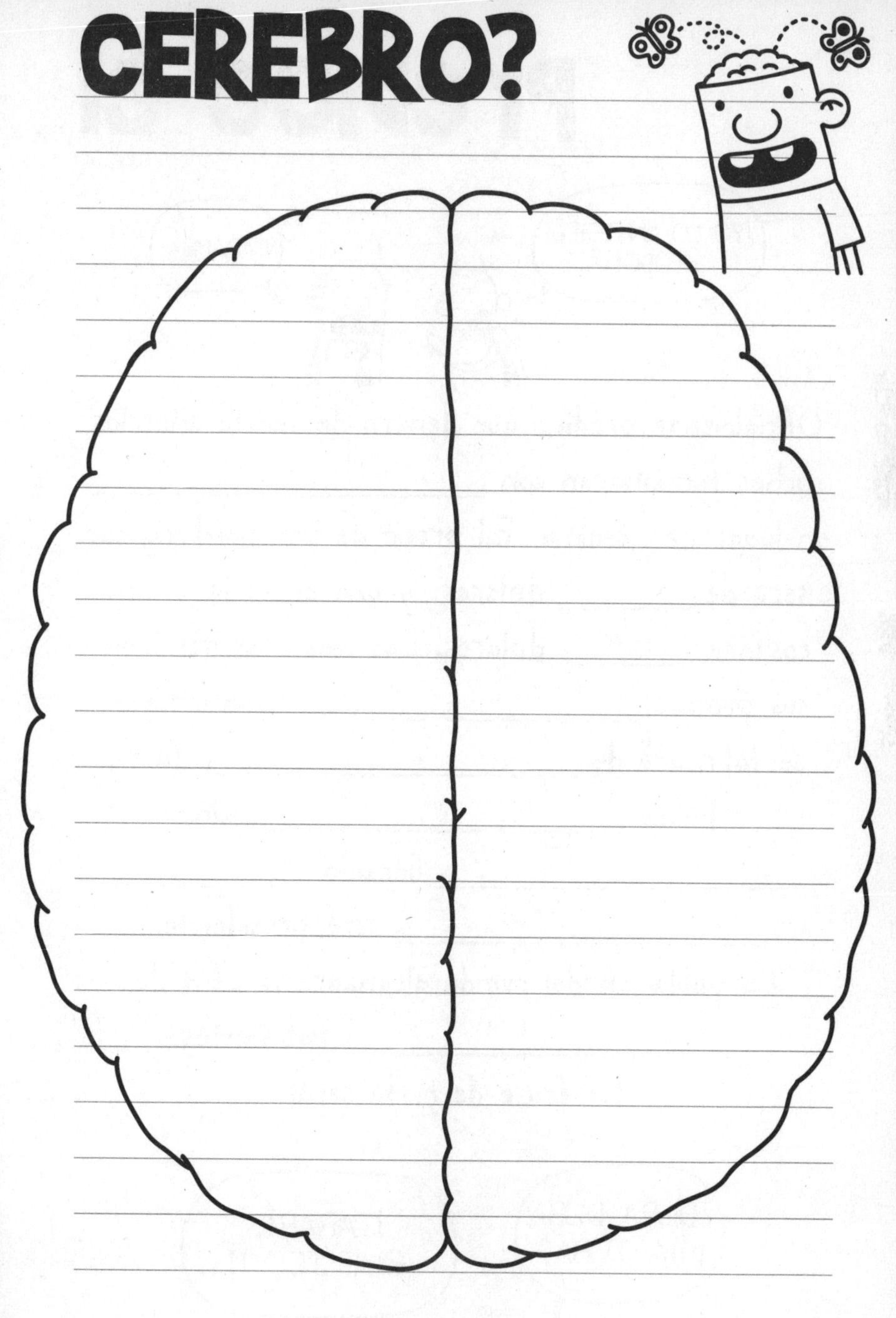

Predice el

Oficialmente predigo que dentro de veinte años los coches funcionarán con ______________ en lugar de gasolina. El precio de una hamburguesa será de ________ dólares, y una entrada al cine costará ________ dólares. Las mascotas tendrán sus propias ______________s. La ropa interior se fabricará de ______________. Ya no habrá ______________. Un ______________ llamado ______________ ______________ será presidente.

La población del mundo alcanzará la cifra de ______________ habitantes.

La frase de moda será:

FUTURO

Los alienígenas llegarán a nuestro planeta en el año _______ y nos anunciarán lo siguiente:

____

____

Dentro de veinte años lo que más enojará a los ancianos será:

____

____

Predice el

DENTRO DE CINCUENTA AÑOS:

Los robots y las personas lucharán por el dominio del mundo. VERDADERO ☐ FALSO ☐

Habrá una ley que prohíba a los padres bailar demasiado cerca de sus hijos. VERDADERO ☐ FALSO ☐

Las personas tendrán chips de mensajería instantánea implantados en el cerebro. VERDADERO ☐ FALSO ☐

FUTURO

TUS CINCO PREDICCIONES DE ORO:

1.

2.

3.

4.

5.

ESCRÍBELAS AHORA, PARA QUE LLEGADO EL MOMENTO PUEDAS DECIR A TUS AMIGOS: "SE LOS ADVERTÍ".

Predice TU

¡Responde a estas preguntas y luego, cuando seas adulto, revisa tus respuestas, para ver lo que pensabas!

CUANDO TENGA 30 AÑOS

Viviré a _____ kilómetros de mi casa actual.

Estaré: CASADO ☐ SOLTERO ☐

Tendré _____ hijos y un _________ llamado ____________.

Trabajaré como ________________ y ganaré ____________ dólares al año.

Viviré en ____________ en lo alto de ______________.

Todos los días usaré un __________ para ir al trabajo.

FUTURO

Mediré _____ m y _____ cm de estatura.

Llevaré más o menos el mismo peinado que llevo ahora. VERDADERO ☐ FALSO ☐

Mi mejor amigo será el mismo que ahora.
VERDADERO ☐ FALSO ☐

Me encontraré en excelente condición física.
VERDADERO ☐ FALSO ☐

Seguiré escuchando el mismo tipo de música que me gusta escuchar ahora. VERDADERO ☐ FALSO ☐

Habré visitado ____________ países diferentes.

La mayor diferencia entre el que soy ahora y el de entonces será que ____________________

____

____.

Predice TU

Se trata de que vayas tirando un dado y tachando sucesivamente los elementos correspondientes de la lista. Por ejemplo:

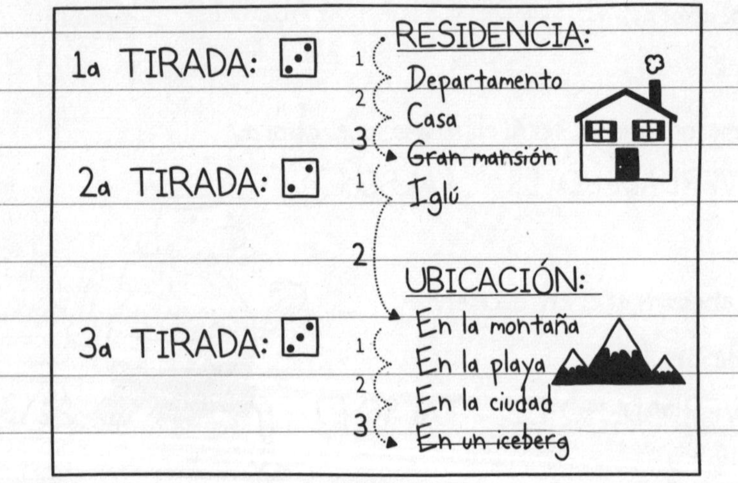

Ve recorriendo toda la lista y cuando termines, vuelve al principio. Cuando sólo quede un elemento para cada categoría, rodéalo con un círculo. Cuando hayas marcado todas las categorías, sabrás tu futuro. ¡Buena suerte!

futuro

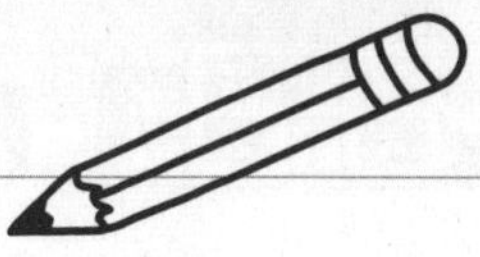

RESIDENCIA

Departamento

Casa

Gran mansión

Iglú

UBICACIÓN

En la montaña

En la playa

En la ciudad

En un iceberg

PROFESIÓN

Médico

Actor

Payaso

Mecánico

Abogado

Piloto

Deportista profesional

Dentista

Mago

Lo que se te antoje

HIJOS

Ninguno

Uno

Dos

Diez

VEHÍCULO

Coche

Moto

Helicóptero

Patín del diablo

MASCOTA

Perro

Gato

Tortuga

SUELDO

100 dólares al año

100.000 dólares al año

100 millones de dólares al año

Proyecta la casa De

FUTURA CASA DE GREG HEFFLEY

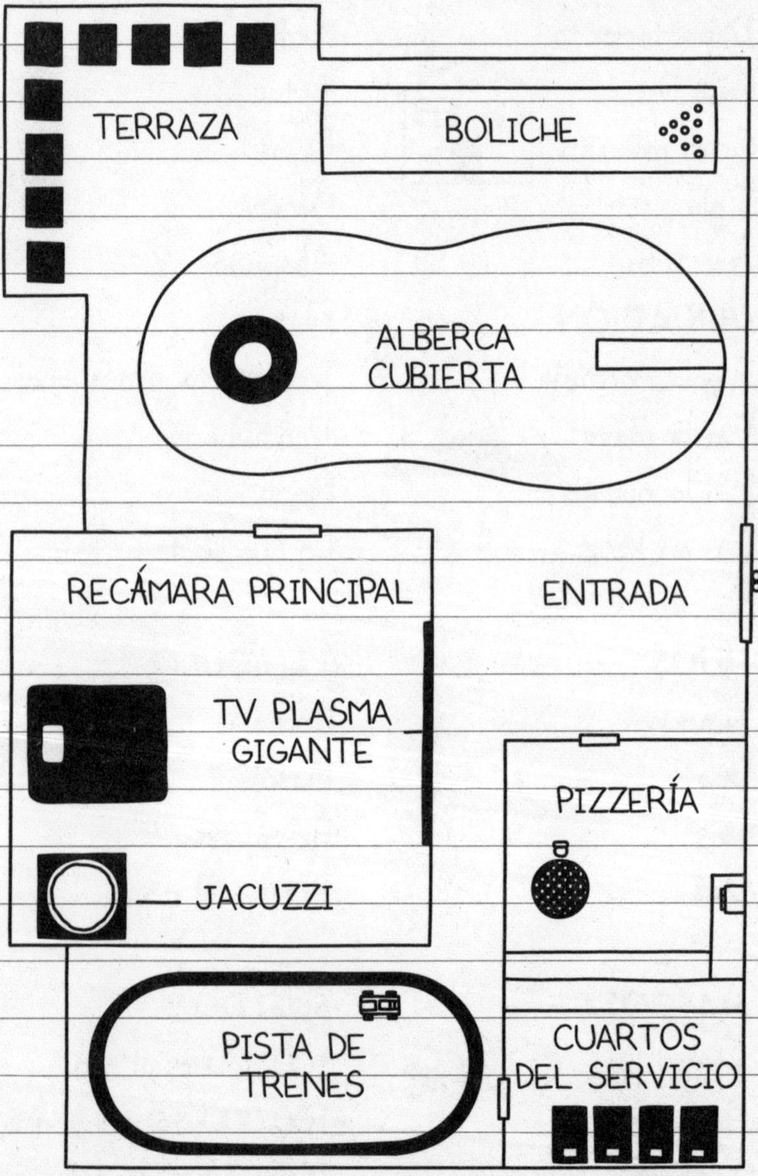

TUS SUEÑOS

TU FUTURA CASA

SALÓN DE LA FAMA DE TUS

AMIGOS

EL QUE TIENE MÁS POSIBILIDADES
DE LLEGAR A PRESIDENTE
EL QUE TIENE MÁS POSIBILIDADES
DE IR EN PIYAMA AL TRABAJO
EL QUE TIENE MÁS POSIBILIDADES
DE TRABAJAR EN UN CIRCO
EL QUE TIENE MÁS POSIBILIDADES
DE BATIR UN RÉCORD DEL MUNDO

Unas Cuantas Preguntas

¿Qué es lo más penoso que le ha pasado a un amigo tuyo?

¿Qué es lo más asqueroso que has comido  en tu vida?

¿Cuántos saltitos tienes que dar desde el interruptor de la luz hasta la cama?

¿Cuánto estarías dispuesto a pagar por una hora más de sueño por las mañanas?

De GREG

¿Alguna vez te has hecho el enfermo para no ir a clase?

¿Te enfurece que la gente vaya brincando por ahí?

¿Alguna vez has hecho algo malo sin que te cacharan?

HISTORIETAS

Eugenio el Feo

Sin terminar

Eugenio el Feo

DiBuja TUS PROPIAS

HISTORIETAS

¿Qué

- ☐ Dormir en la tina del baño
- ☐ Dormir en la habitación de tus padres

- ☐ Comer siempre lo mismo el resto de tu vida
- ☐ Ver las mismas series de televisión el resto de tu vida

- ☐ Poder ser invisible, pero no más de 10 segundos seguidos
- ☐ Poder volar, pero no a más de medio metro de altura

- ☐ Pasar un mes sin televisión
- ☐ Pasar un mes sin Internet

- ☐ Permanecer una noche entera en una casa encantada
- ☐ Permanecer un minuto en una habitación llena de arañas

- ☐ Ser el protagonista de una película mala de verdad
- ☐ Tener un pequeño papel en una película muy buena

PREFERIRÍAS?

- ☐ Llevar todos los años el mismo disfraz en Halloween
- ☐ Llevar los mismos calcetines durante una semana

- ☐ Intentar vender chocolates a tus vecinos para recaudar fondos para el colegio
- ☐ Dejar de comer dulces durante un mes

- ☐ Ser tan famoso que todos sepan quién eres
- ☐ Llevar una vida tranquila y en completa privacidad

- ☐ Tener el poder de predecir el futuro
- ☐ Tener el poder de ver el pasado

- ☐ Conseguir vales gratuitos para librarte del baño
- ☐ Conseguir vales gratuitos para librarte de hacer la tarea de la escuela

- ☐ Tener gratis toda la música del mundo
- ☐ Tener gratis todos los videojuegos del mundo

Algunos consejos útiles

1. No utilices los baños del segundo piso, porque no tienen puertas en las cabinas.

2. Elige bien con quién te sientas en la cafetería.

3. No te metas el dedo en la nariz justo antes de hacerte la foto oficial del curso.

Para el Próximo Curso

1.

2.

3.

4.

Dibuja a TU FAMILIA, tal y

Como lo haría Greg Heffley

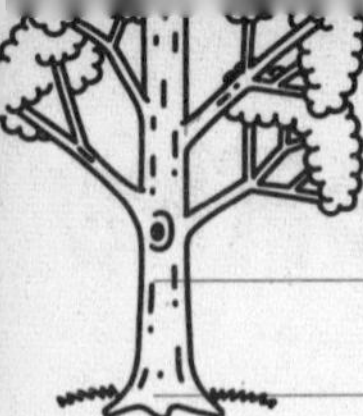

Confecciona el ÁRBOL

¿Cuántas generaciones atrás eres capaz de reconstruir la historia de tu familia?

MEEMAW
PEEPAW
GAMMIE
POPPY
REMUS
LULU
WILLIAM
HELEN
ABUELA
ABUELO
ABU
NANA
MAMÁ
PAPÁ
GREG

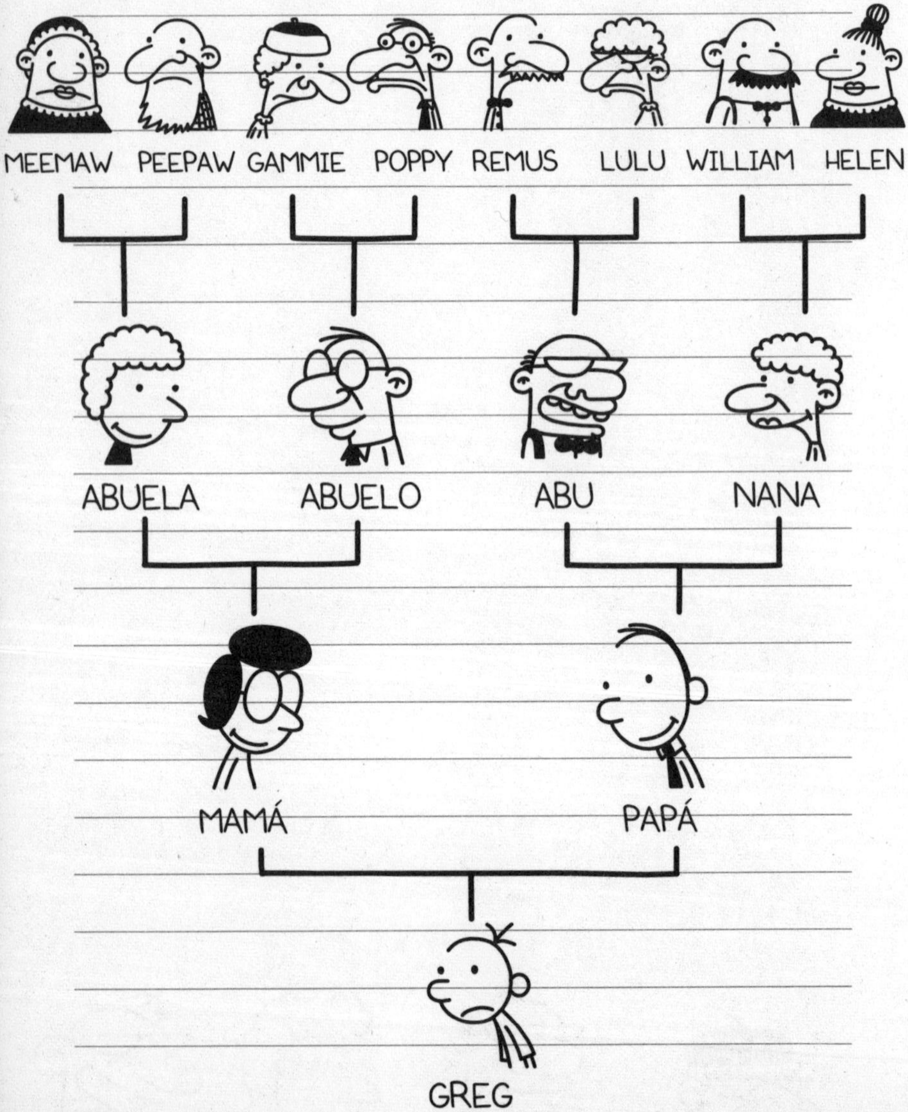

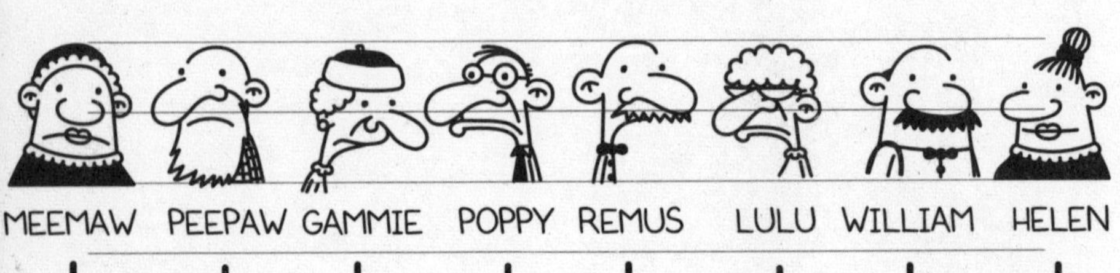

GENEALÓGICO DE TU FAMILIA

Confecciona tu propio árbol genealógico familiar en el espacio blanco de abajo:

TUS PREFERIDOS:

Programa de televisión:

Grupo musical:

Equipo de futbol:

Comida:

Personaje famoso:

Olor:

Villano:

Marca de zapatos:

Tienda:

Refresco:

Cereales:

Superhéroe:

Golosina:

Restaurante:

Deportista:

Consola de videojuegos:

Historieta:

Revista:

Auto:

Los que **MENOS** te gustan:

Programa de televisión:

Grupo musical:

Equipo de futbol:

Comida:

Personaje famoso:

Olor:

Villano:

Marca de zapatos:

Tienda:

Refresco:

Cereales:

Superhéroe:

Golosina:

Restaurante:

Deportista:

Consola de videojuegos:

Historieta:

Revista:

Auto:

Registra tus

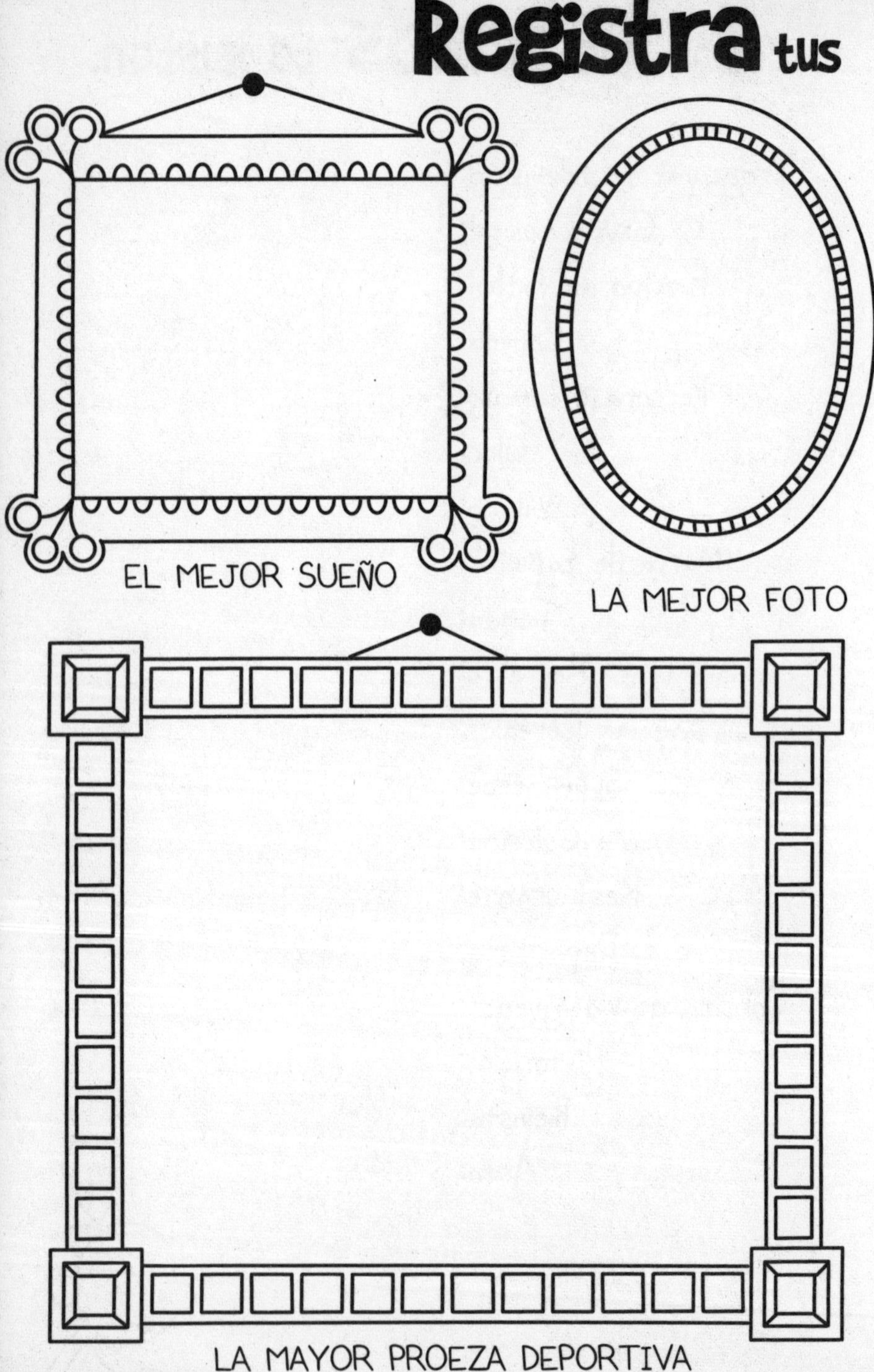

MEJORES MOMENTOS

Cosas que deberías hacer

- ☐ Pasar una noche en blanco.
- ☐ Subirte en una montaña rusa que tenga un rizo completo.
- ☐ Participar en una batalla de pasteles.
- ☐ Conseguir el autógrafo de algún famoso.
- ☐ Hacer hoyo en un minigolf.
- ☐ Cortarte el pelo tú mismo.
- ☐ Escribir una idea para un invento.
- ☐ Pasar tres noches seguidas fuera de casa.
- ☐ Enviar a alguien una carta de verdad, con sobre y sello y todo eso.

antes De hacerte viejo

☐ Ir a acampar.

☐ Leer un libro entero sin dibujos.

☐ Ganar en una carrera a alguien mayor que tú.

☐ Acabarte una paeta sin llegar a morderla.

☐ Usar un WC portátil.

☐ Marcar al menos un punto en alguna competencia deportiva.

☐ Participar en un concurso de talentos.

Haz tu Propia

CÁPSULA DEL TIEMPO

Dentro de varios cientos de años la gente querrá saber cómo vivíamos nuestras vidas. ¿Qué tipo de ropa usabas? ¿Cuáles eran tus lecturas favoritas? ¿Qué hacías para divertirte?

Pon dentro de una caja diferentes cosas que puedan dar a la gente del futuro una idea de cómo eres. ¡Haz una lista de las cosas que vas a meter en la caja, y luego entiérrala donde nadie vaya a excavar en mucho tiempo!

1.

2.

3.

4.

5.

6.

7.

8.

EL MEJOR CHISTE
que has oído en tu vida

cinco cosas que NADIE SABE sobre ti

PORQUE NADIE SE HA ATREVIDO A PREGUNTAR

1.

2.

3.

4.

5.

La Peor PESADILLA que hayas tenido

Algunas reglas para

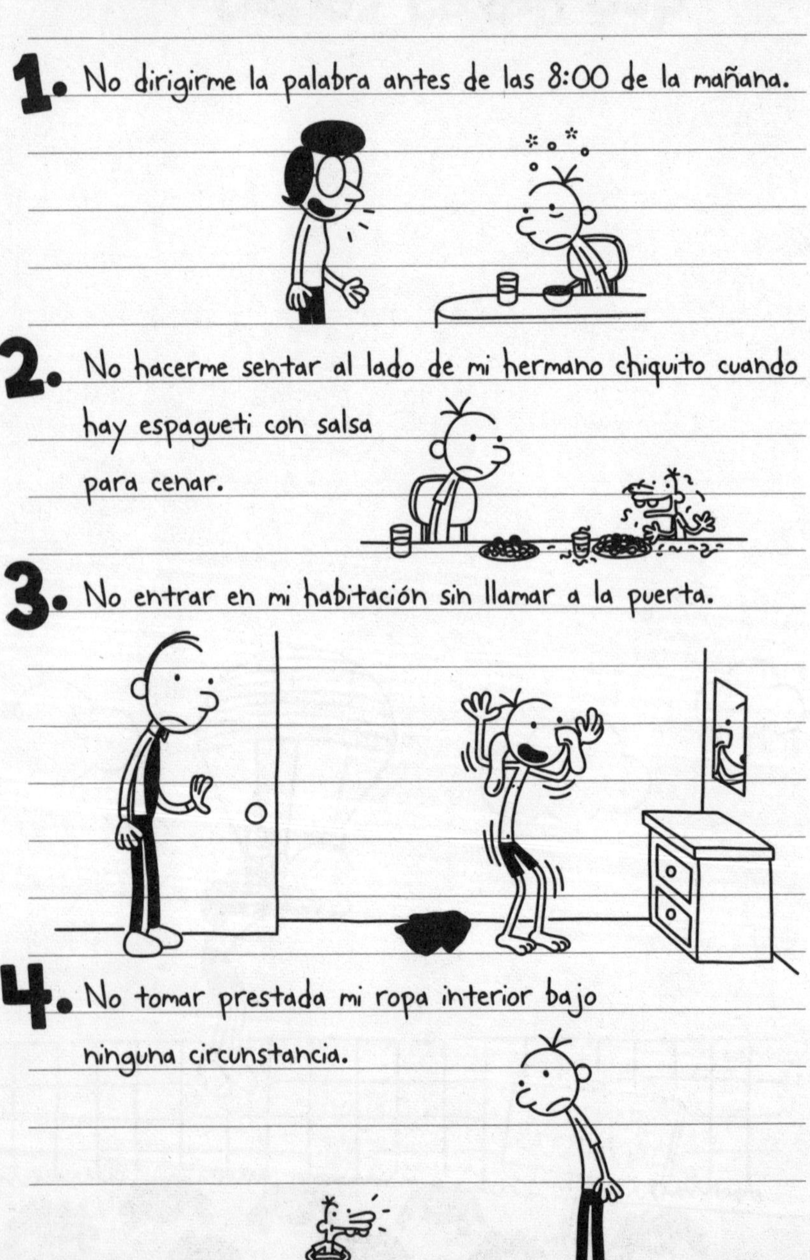

1. No dirigirme la palabra antes de las 8:00 de la mañana.
2. No hacerme sentar al lado de mi hermano chiquito cuando hay espagueti con salsa para cenar.
3. No entrar en mi habitación sin llamar a la puerta.
4. No tomar prestada mi ropa interior bajo ninguna circunstancia.

tu FAMILIA

1.

2.

3.

4.

VISTAZO a tus

La persona en la que confiarías para que guardara un secreto: ______________

La persona que sería buena compañera de habitación en la universidad: ______________

La persona en quien confiarías para que fuera a comprarte ropa: ______________

La persona en quien confiarías para que te cortara el pelo: ______________

La persona que es el peor mentiroso: ______________

La persona que seguramente culpará a otro por haberse echado un pedo: ______________

La persona que seguramente pedirá prestado algo y olvidará devolverlo:

____

COMPAÑEROS DE CLASE

La persona con más posibilidades de sobrevivir en un medio salvaje: ____________

La persona que querrías que te hiciera la tarea: ____________

La persona que no tiene una "voz susurrante": ____________

La persona con la que no querrías tener una pelea a puñetazos: ____________

La persona que te gustaría que fuera tu vecina: ____________

La persona que sería capaz de hacer algo osado en un desafío: ____________

La persona que de veras no querrías que agarrara este libro: ____________

TU VIDA,

El máximo de tiempo que has pasado sin bañarte:

____

Cuántas tazas seguidas de cereales has sido capaz de comer:

____

El máximo de tiempo que has estado castigado: ____________

El día que has llegado más tarde a la escuela:

____

Cuántas veces te ha perseguido un perro:

____

Cuántas veces te has quedado fuera de casa sin llaves:

____

en Cifras

Cuántas horas te has llegado a quedar por la noche haciendo la tarea:

____

Cuánto dinero has llegado a ahorrar: ____________

Cuántas páginas tenía el libro más corto que has leído:

____

La distancia más larga que has caminado:

____

El máximo de tiempo que has sido capaz de estar sin ver la televisión:

____

Cuántas veces te han cachado hurgándote la nariz:

____

Cuántas veces te has hurgado la nariz sin que te cachen:

____

TU VIDA,

Edad a la que aprendiste a andar en bici:

El máximo de tiempo que has estado fuera de casa:

El máximo de tiempo que has estado mirando la tele:

Edad que elegirías si tuvieras que tener esa edad para siempre:

Número de veces que has visto tu peli favorita:

Cuántas veces has volado en avión:

en Cifras

Número de veces que has comido en un lugar de comida rápida en un día

____

A cuántos países has ido: _______

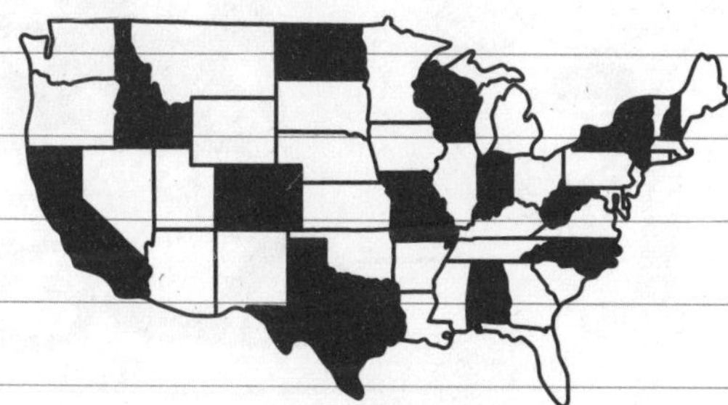

Número de mascotas que has tenido a la vez: _______

Número de caries arregladas a la vez:

____

El máximo de horas que has estado haciendo cola: _______

HISTORIETAS

Chavito

“Mami, ¿los lápices van al cielo?”

Chavito

“ ”

____

Sin terminar

Chavito

"

"

Chavito

"

"

Dibuja tus propias

“ ”

historietas

“ ”

Inventa tu propio LEMA

¿Te has fijado que algunos personajes de las películas y series de televisión a veces dicen algo gracioso, y lo siguiente que ocurre es que TODO EL MUNDO está repitiéndolo? Bien, ¿y por qué no te inventas tu PROPIO lema o frase divertida, lo imprimes en unas cuantas camisetas y las vendes?

BONUS: Piensa otra frase ingeniosa y ponla en una gorra.

En caso de que sufras un ataque de AMNESIA...

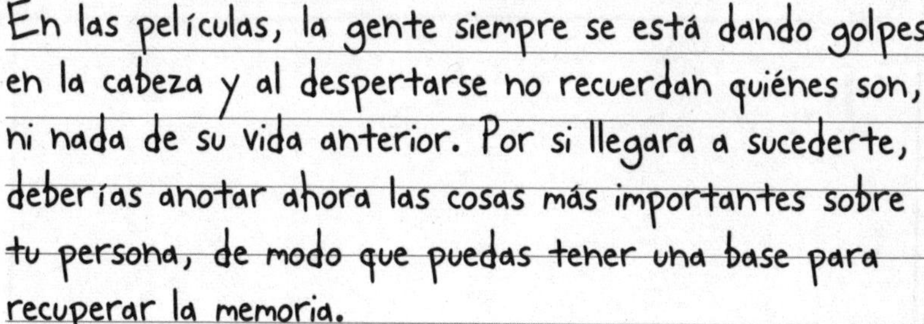

En las películas, la gente siempre se está dando golpes en la cabeza y al despertarse no recuerdan quiénes son, ni nada de su vida anterior. Por si llegara a sucederte, deberías anotar ahora las cosas más importantes sobre tu persona, de modo que puedas tener una base para recuperar la memoria.

1.

2.

3.

4.

TUS PRIMERAS CUATRO LEYES, CUANDO LLEGUES A SER EL PRESIDENTE

La PEOR ACCIÓN que Cometiste cuando eras Chiquito

ENCUESTA

¿Alguna vez has comido algo que estaba en la basura?

SI ☐ NO ☐

¿En qué restaurante crees que ponen las mejores papas fritas?

PAPAS

___

¿Qué es lo que probaste una vez y ya nunca más quisiste comerlo?

¿Qué es eso que te gustaría atreverte a hacer?

___

Si pudieras eliminar una fiesta del calendario, ¿cuál escogerías?

I ♥ U

___

¿Qué edad consideras que es apropiada para tener el primer celular?

¿Qué deporte resulta más aburrido de ver por la tele?

Si pudieras comprar gratis en cualquier supermercado, ¿cuál preferirías?

Si alguien escribiera un libro sobre tu vida, ¿cómo debería titularse?

Practica tu FIRMA

Ya que vas a ser famoso, mmm... tu firma necesita mejorar. Practica en esta página esa nueva firma tuya tan padre.

Apunta tus HERIDAS

CODO RASPADO
(UN TROPEZÓN EN LA BANQUETA)

UN TENIS DE PLÁSTICO
SE ME PEGÓ EN LA NARIZ

BARBILLA INFLAMADA
(ME CAÍ. SE ME DURMIERON LAS
PIERNAS POR PASAR DEMASIADO
TIEMPO SENTADO EN EL ESCUSADO)

MARCA DE UNA MORDIDA
EN LA PARTE TRASERA
DE LA PIERNA

UN MEÑIQUE ROTO
(MI HERMANITO ME LO
MACHUCÓ CON UNA PUERTA)

Algunas Preguntas

¿Crees que existen los unicornios?

Si en alguna ocasión te encuentras con un unicornio, ¿qué le preguntarías?

¿Alguna vez has dibujado algo tan terrible que te produjera pesadillas?

¡HUY!

BOO

¿Cuántas noches a la semana duermes en la cama de tus padres?

DE ROWLEY

¿Alguna vez has conseguido atarte los zapatos sin la ayuda de un adulto?

¿Alguna vez te has indigestado por comerte un lápiz labial?

¿Te envidian tus amigos por ser un buen saltador?

ElaBora tu ProPio

Cuando seas famoso, la gente va a querer ponerle tu nombre a las cosas. De hecho, dentro de pocos años los restaurantes podrían estar vendiendo un sándwich que llevara tu nombre. Así pues, deberías escoger ahora los ingredientes.

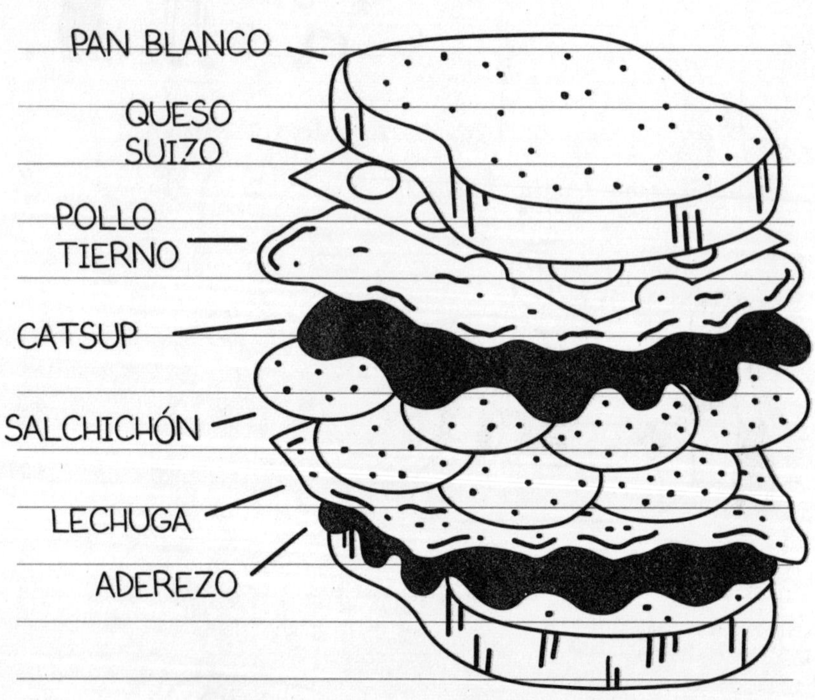

"El Rowley"

SÁNDWICH

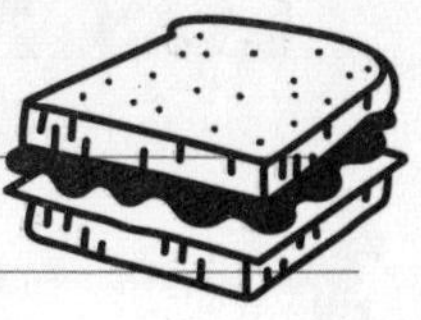

APUNTA AQUÍ LOS DIFERENTES
PISOS DE TU SÁNDWICH:

LOS MAYORES ERRORES

1. Creer a mi hermano mayor cuando me dijo que era el "Día del Piyama" en la secundaria.

2. Aceptar un desafío que seguramente no valía la pena.

3. Darle a Timmy Brewer mi refresco.

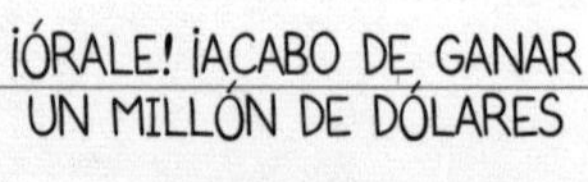

que has cometido hasta ahora

1.

2.

3.

Crea tu Propio

NOMBRE DEL EQUIPO: ______________________

CIUDAD: ______________________

DEPORTE: ______________________

LOGO:

MASCOTA DEL EQUIPO:

EQUIPO DE COMPETENCIA

ALINEACIÓN TITULAR

NOMBRE PUESTO

1.
2.
3.
4.
5.

UNIFORME:

HISTORIETAS

Creighton el Necio

Sin terminar

Creighton el Necio

DiBuja TUS

PROPIAS historietas

Los Pasatiempos

PRUEBA DE INTELIGENCIA:

Recorre el laberinto y descubre si eres tonto o listo.

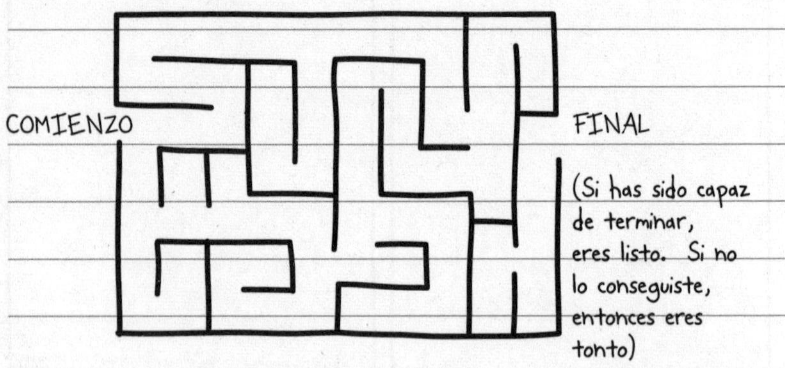

(Si has sido capaz de terminar, eres listo. Si no lo conseguiste, entonces eres tonto)

Pon la siguiente frase frente a un espejo y léela en voz tan alta como te sea posible:

SOY UN IMBÉCIL

Rellena la letra que falta en la palabra de abajo:

P: ¿Quién es formidable?

R: RODR_CK

(ayuda: "I")

De RODRICK

Contesta la siguiente pregunta únicamente con un "sí" o con un "no":

P: ¿No te da vergüenza hacerte pipí encima?

¿Quieres crear un grupo heavy metal? Bueno, pues tienes mala suerte, porque yo ya escogí el mejor nombre, que es Celebros Retorcidos. Pero si todavía sigues con la idea de crear un grupo, puedes mezclar palabras de la columna izquierda con las de la columna derecha:

primera mitad	segunda mitad
Vampiros	Atómicos
Asesinos	Violentos
Sueños	Explosivos
Destripadores	Demenciales
Monstruos	Radiactivos
Renegados	Sangrientos
Carniceros	Repulsivos

P.D.: Si utilizas estas palabras para el nombre de tu grupo, me debes 100 dólares

Forma tu Propio

GRUPO MUSICAL

¡Diseña un cartel para anunciar tu primer concierto!

Escribe tu Propia

CELEBROS RETORCIDOS por Rodrick Heffley

Aquí estamos destrozando altavoces,
hemos llegado a tu ciudad.
Con los auriculares penetramos tu cerebro,
y tus ojos giran sin cesar.

Aquí estamos subiendo a tope el volumen,
y nadie nos puede parar.
Los sesos se te salen por las orejas,
y tu cabeza va a estallar.

¡Somos los Celebros!
¡Los Celebros Retorcidos!
Corre y ponte a salvo,
para no quedarte calvo.

¡Y es que llegan los Celebros!
¡Los Celebros Retorcidos!
Y hasta tu madre va a temblar
si los Celebros se ponen a tocar.

¡La presión sigue aumentando
y el lugar va a reventar!
Arrasamos estadios y gimnasios,
entre gritos y alaridos.

¡Sí, somos los Celebros!
¡Los Celebros Retorcidos!
Y si no te has enterado,
algo grueso te ha pasado.

CANCIÓN

Diseña tu Propio

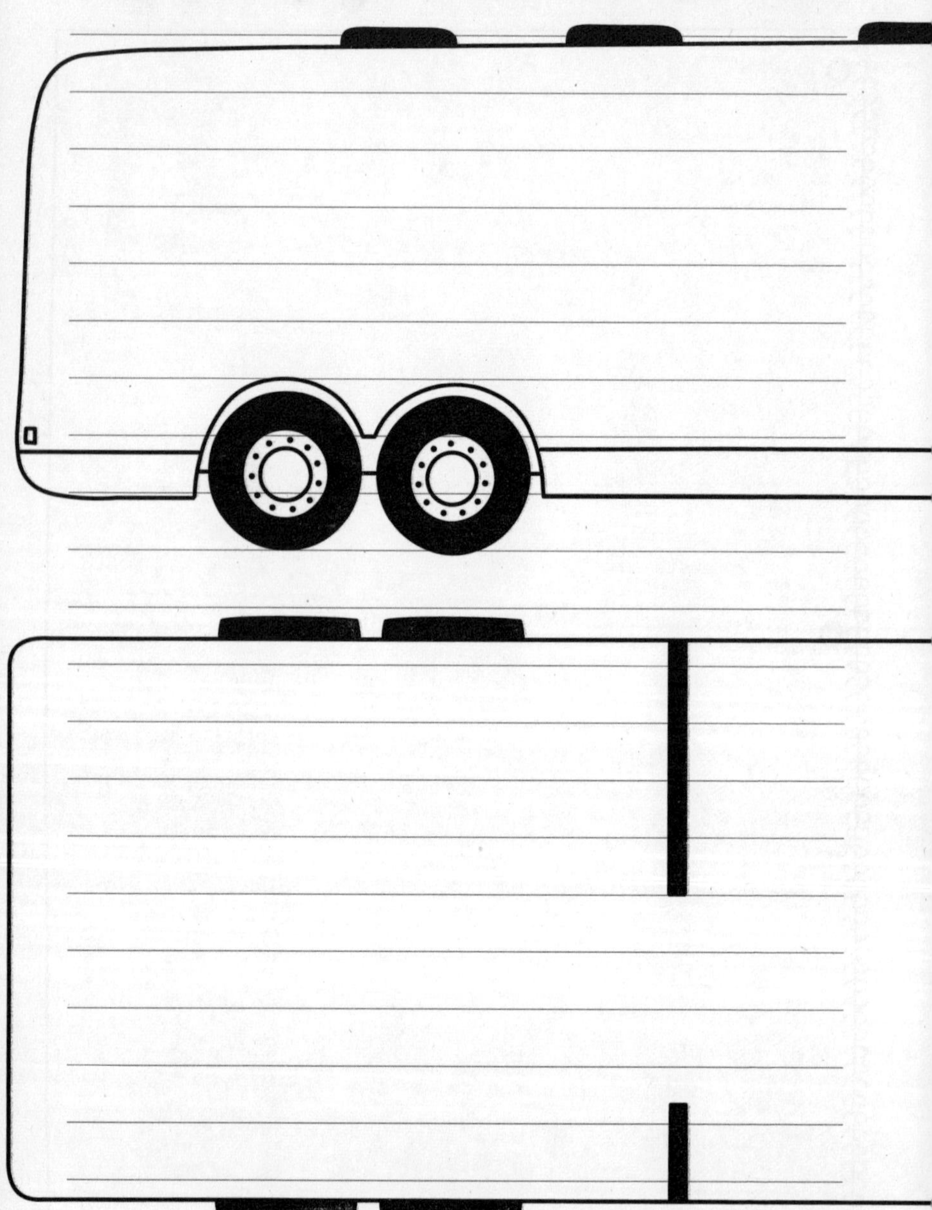

¡NO OLVIDES INCLUIR LAS LITERAS, COLCHONETAS, UNA COCINA, UN BAÑO, TELEVISIONES Y CUALQUIER OTRA COSA QUE VAYAS A NECESITAR PARA VIVIR EN LA CARRETERA!

AUTOBÚS De la gira

CELEBROS RETORCIDOS

Planifica el VIAJE por

Quiénes irán

★
★
★
★

Cosas para poner en el equipaje

★ ★
★ ★
★ ★

Qué música llevar

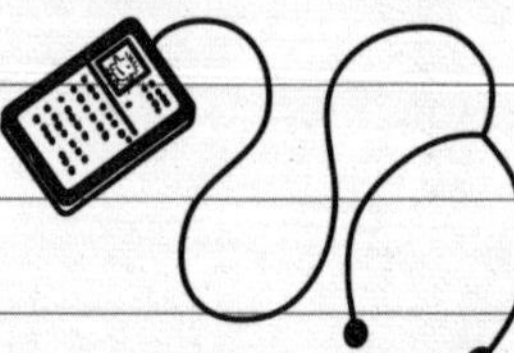

★ ★
★ ★
★ ★
★ ★

CARRETERA iDeal

Lugares Para visitar

★ ★
★ ★
★ ★
★ ★

Traza tu ruta en el mapa

NORMAS DE

Cuando llegues a ser músico famoso o estrella de cine, necesitarás tener un montón de cosas en tu camerino:

/

Requerimientos de Greg Heffley — página 1 de 9

3 litros de jugo de frutas
2 pizzas de pepperoni extra grandes
2 docenas de galletas de chocolate recién hechas
1 tazón lleno de gomitas
(ninguna de color blanco o rosa)
1 máquina de palomitas de maíz
1 televisor de plasma de 52 pulgadas
3 consolas de videojuegos,
cada una con 10 juegos diferentes
1 máquina dispensadora de helados
10 cucuruchos de barquillo dulce
1 bata de felpa
1 par de pantuflas
*** El baño deberá tener calentador para el asiento del escusado
*** El papel higiénico debe ser de primera clase

TU CAMERINO

Mejor escribir ahora tu propia lista, de manera que la tengas preparada cuando llegue el gran momento.

¿Hasta qué punto

Contesta estas preguntas y luego se las haces a tu mejor amigo. Comprueba cuántas de tus respuestas has acertado.

NOMBRE DE TU AMIGO: ____________________

¿Alguna vez se ha mareado tu amigo en un coche? ____________

Si tu amigo conociera a alguien famoso, ¿quién sería? ____________

¿Dónde nació tu amigo? ____________

¿Alguna vez lo han enviado a la oficina del director de la escuela? ____________

¿Alguna vez se ha reído tanto que se le salió la comida por la nariz? ____________

9-10 ACIERTOS: LO CONOCES TAN BIEN QUE DA ESCALOFRÍOS.
6-8 ACIERTOS: NO ESTÁ MAL... LO CONOCES BASTANTE.

conoces a tu mejor AMIGO?

¿Cuál es la comida-basura favorita de tu amigo? ____________

¿Tu amigo se ha fracturado alguna vez un hueso? ____________

¿Cuándo fue la última vez que tu amigo se hizo pipí en la cama? ____________

Si tu amigo se convirtiera en un animal, ¿qué animal sería? ____________

¿Tu amigo oculta que tiene miedo a los payasos? ____________

2-5 ACIERTOS: ¿SE ACABAN DE CONOCER O ALGO ASÍ?
0-1 ACIERTOS: ES HORA DE QUE TE BUSQUES OTRO AMIGO.

HAZ UNA PRUEBA DE

¿Quieres ver si tú y tu amigo se compenetran? Primero, observa cada par de objetos en la tabla de abajo y señala con un círculo el que prefieras.

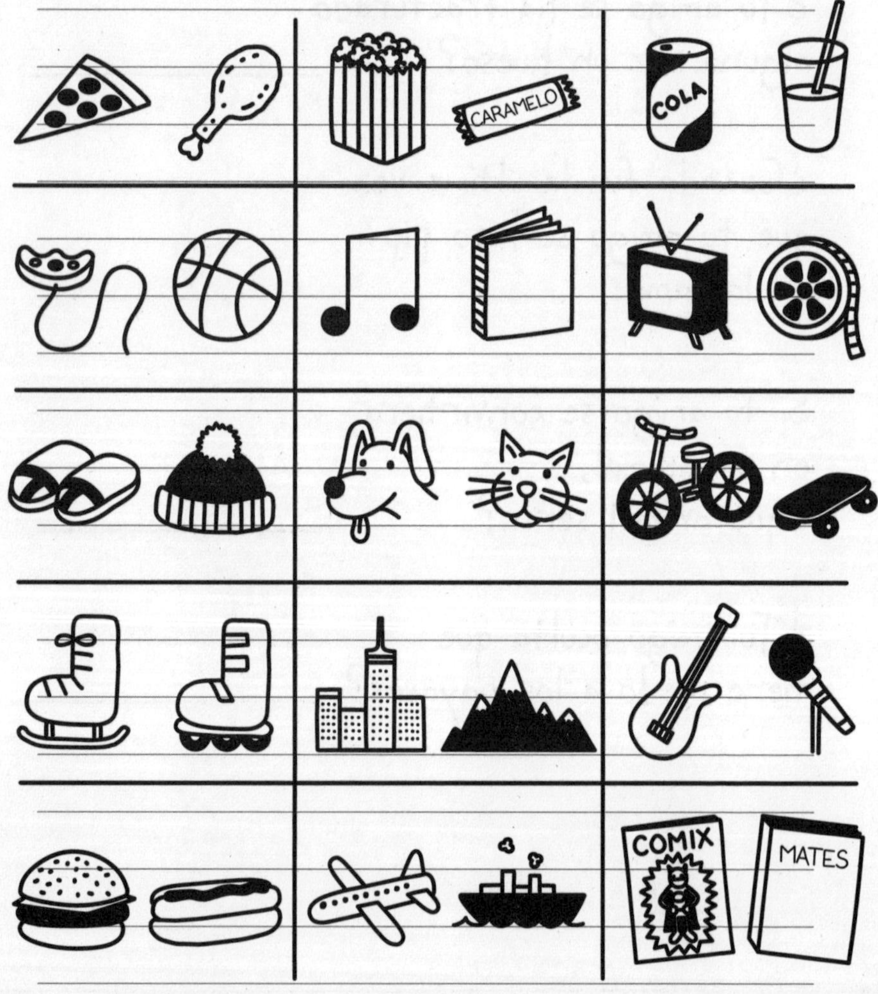

COMPATIBILIDAD de la amistad

Luego dile a tu amigo que observe los mismos objetos y haga sus propias selecciones. ¡Observa si sus respuestas coinciden!

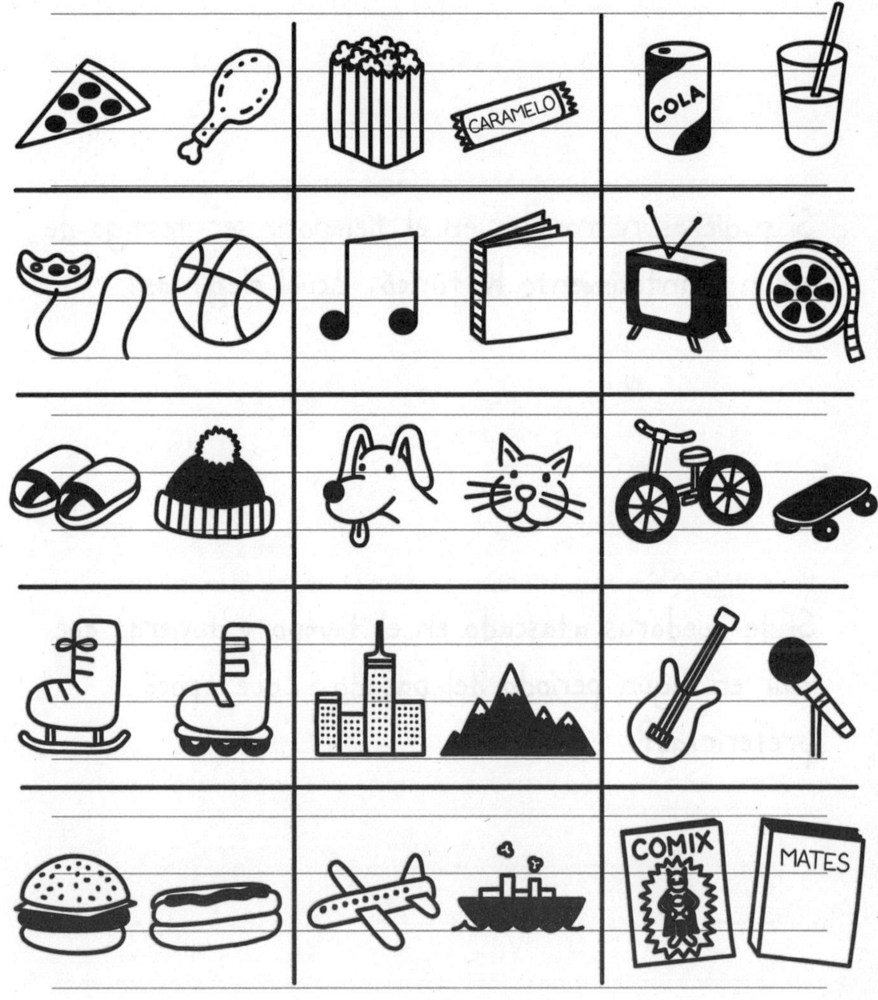

Si tuvieras una

Si pudieras retroceder en el tiempo y cambiar el futuro, pero sólo dispusieras de cinco minutos, ¿adónde irías?

Si pudieras retroceder en el tiempo y ser testigo de algún acontecimiento histórico, ¿cuál elegirías?

Si te quedaras atascado en el tiempo y tuvieras que vivir en algún periodo del pasado, ¿qué época preferirías?

MÁQUINA DEL TIEMPO...

Si pudieras volver atrás y grabar en video un acontecimiento de tu propia vida, ¿cuál escogerías?

Si pudieras volver atrás y decirte algo en el pasado, ¿qué te dirías?

Si pudieras ir hacia delante y pudieras decirte algo en el futuro, ¿qué te dirías?

BROMAS muy

El truco del "cojito"

PASO 1: Al volver de la escuela apuestas con un amigo a que es incapaz de permanecer durante tres minutos de cojito y sin hablar.

PASO 2: Mientras tu amigo se sostiene de cojito, golpea muy fuerte la puerta de algún vecino con malas pulgas.

PASO 3: Echa a correr.

Prácticas y tremendas

UNA BROMA QUE LE HAYAS HECHO A UN AMIGO:

UNA BROMA QUE LE HAYAS HECHO A ALGUIEN DE TU FAMILIA:

UNA BROMA QUE LE HAYAS HECHO A UN PROFESOR:

DiBuja tu DORMITORIO

tal y como es ahora

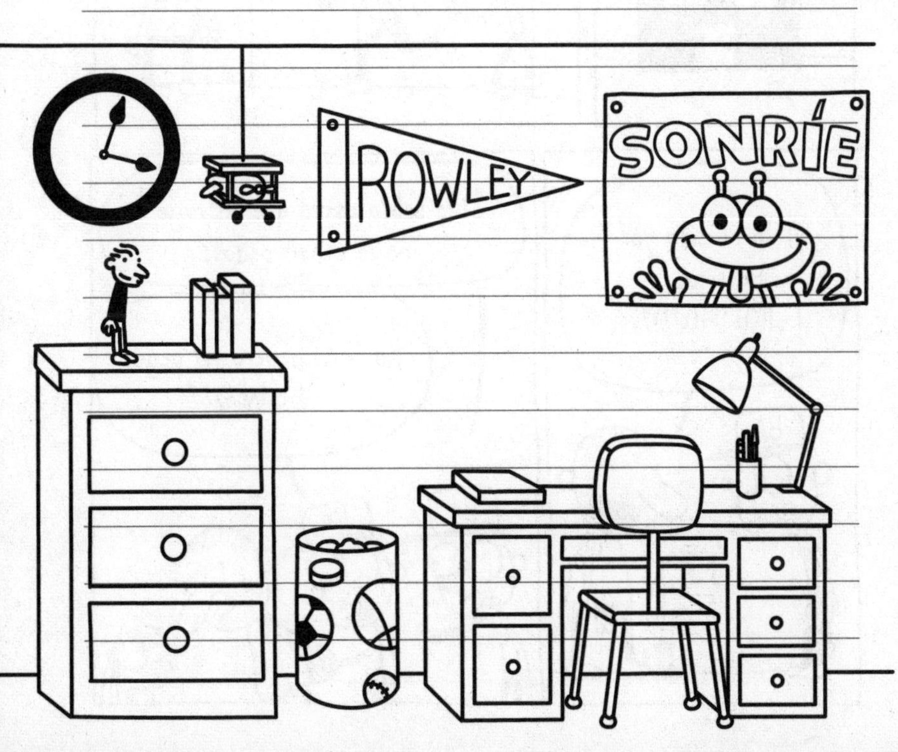

HISTORIETAS

La increíble Brigada Antipedos

sin terminar

La increíble Brigada Antipedos

DiBuja TUS

PROPIAS historietas

Tus mejores

DEFLECTOR PARA EL MAL ALIENTO

TRADUCTOR DE LADRIDOS

RODILLO DE SABORES

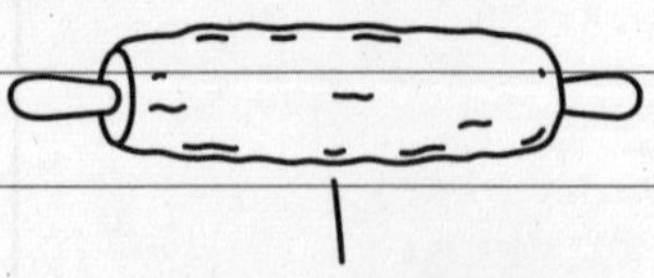

(TAMBIÉN SE PUEDEN PONER SABORES DE CREMA DE CEBOLLITAS EN VINAGRE, QUESO CHEDDAR, O SALSA CARNE ASADA)

SLURP

INVENTOS

ANOTA AQUÍ TUS IDEAS MÁS ORIGINALES,
DE MODO QUE PUEDAS DEMOSTRAR QUE
SE TE OCURRIERON A TI ANTES QUE A NADIE.

Diseña tus propios zapatos

Cuando llegues a ser músico famoso o estrella de cine, necesitarás tener un montón de cosas en tu camerino:

GENERADOR DE EXCUSAS MULTIPROPÓSITO

¿Olvidaste hacer la tarea? ¿Has llegado tarde a la escuela? Cualquiera que sea la situación, puedes usar este práctico Generador de Excusas para salir del apuro. ¡Sólo tienes que elegir un elemento de cada columna y ya está!

MI MADRE	ROMPIÓ	MIS DEBERES
MI PERRO	SE COMIÓ	EL AUTOBÚS
EL MEÑIQUE DE MI PIE	ENTRÓ	MI HABITACIÓN
UN TIPO CUALQUIERA	LASTIMÓ	MI ROPA
EL BAÑO	GOLPEÓ	MI ALMUERZO
UNA CUCARACHA	DESCOMPUSO	TU DINERO

Haz un mapa de

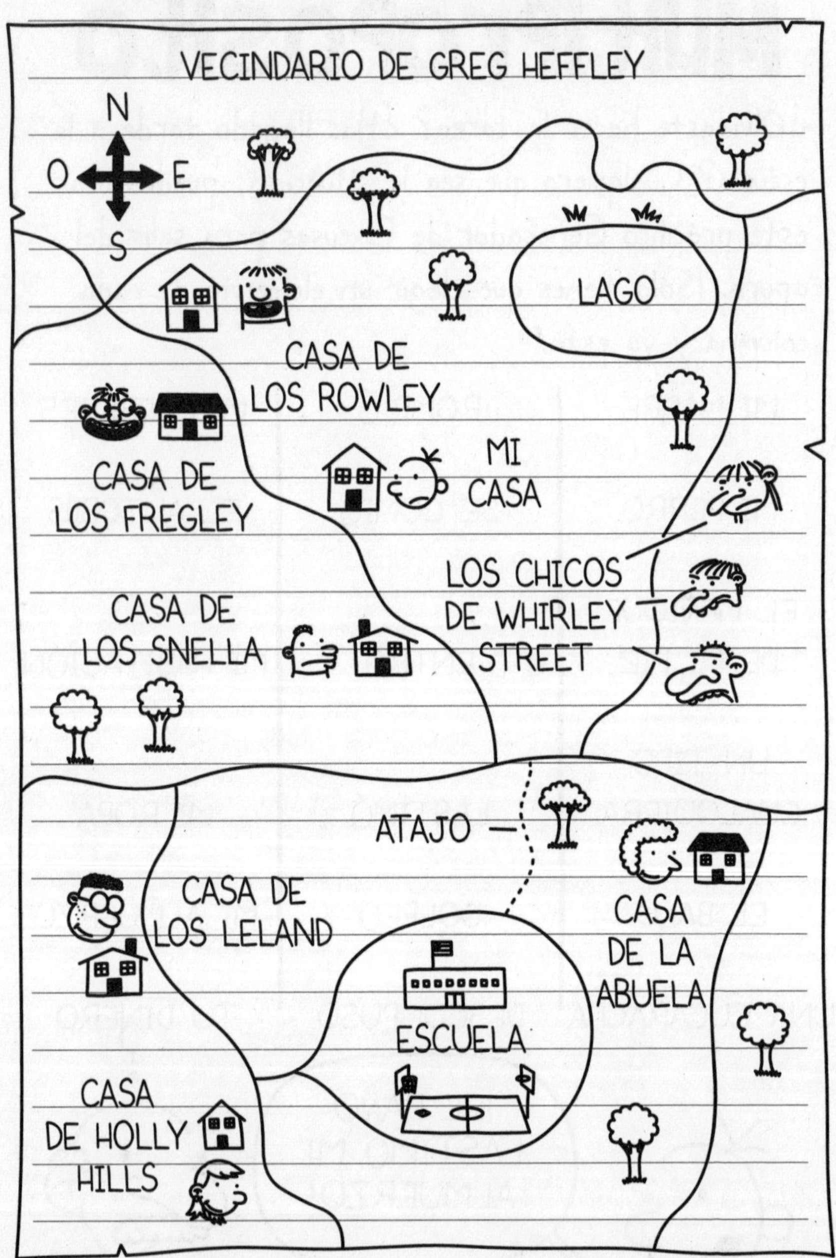

tu COLONIA

TU VECINDARIO

Dibuja tus propias

EXTERIOR

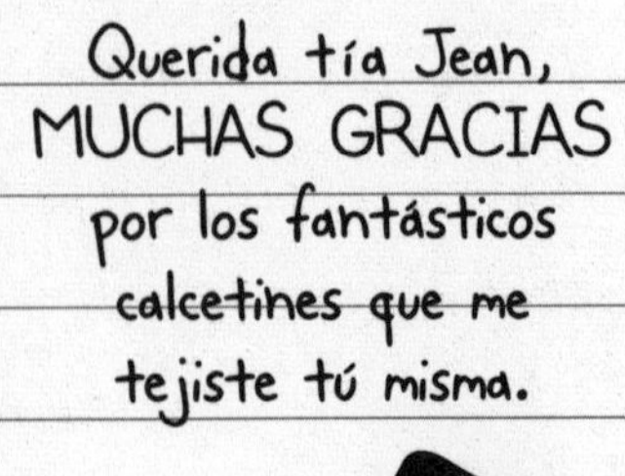

INTERIOR

EXTERIOR

Siento mucho
que no funcionara
lo tuyo con Lindsey.

INTERIOR

P.S. Por cierto,
¿podrías averiguar
si le gusto?

TARJETAS DE FELICITACIÓN

EXTERIOR

INTERIOR

EXTERIOR

INTERIOR

Las VACACIONES MARAVILLOSAS que siempre habías soñado

Perlas de SABIDURÍA

¡Escribe importantes citas de gente famosa o de personas que conoces!

HISTORIETAS

Patinaje salvaje

Te apuesto un dólar a que no saltas por encima de esa piedra.

¡Uh, qué me dura!!

¡Mira qué fácil!

HOP

sin terminar

Patinaje salvaje

FIN

DiBuja TUS

PROPIAS historietas

Diseña tu Propia

CASA ENCANTADA

Si tuvieras

Si tuvieras la capacidad de leer el pensamiento de otras personas, ¿de veras la utilizarías?

SÍ ☐ NO ☐

ME PARECE QUE EL CURITA SE ME HA CAÍDO DENTRO DE LA BOLSA DE PAPAS FRITAS.

ÑAM ÑAM

PAPAS

Si fueras un superhéroe, ¿te gustaría tener un compañero inseparable? SÍ ☐ NO ☐

¡MUCHAS GRACIAS POR SALVARNOS!

EN REALIDAD, EL MÉRITO ES MÍO EN UN 99%.

SUPERPODERES...

Si fueras un superhéroe, ¿tendrías una identidad secreta? SÍ ☐ NO ☐

¿Te gustaría tener visión de rayos X aunque no pudieras desactivarla? SÍ ☐ NO ☐

DiBuja a TUS AMIGOS tal y

Como lo haría Greg Heffley

Unas Cuantas Preguntas

¿Alguna vez te has metido comida en el ombligo para poder comerla más tarde?

¿Alguna vez los animales han usado la telepatía para comunicarse contigo?

¿Alguna vez tu orientador escolar ha dicho de ti que eres "impredecible y peligroso"?

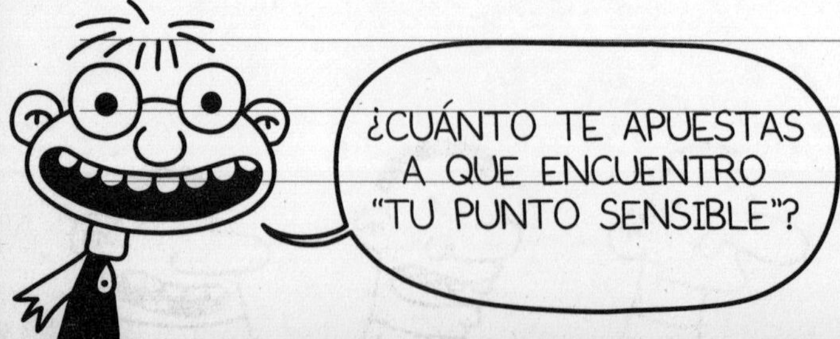

de FREGLEY

Si tuvieras cola, ¿cómo la utilizarías?

¿Alguna vez te has comido una costra?

¿Quieres jugar a "guerra de pañales"?

¿Alguna vez te han mandado del colegio a tu casa por "problemas higiénicos"?

Crea tu Propio

¡Inventa la competencia más encarnizada y luego designa el ganador! Así es como funciona. Primero, elige una categoría para tu torneo (villanos de películas, estrellas del deporte, personajes de dibujos animados, grupos musicales, tipos de desayuno, programas de televisión, etc.)

Luego pon el nombre de un participante en cada una de las líneas numeradas. Decide quién es el ganador de cada encuentro individual y pásalo a la siguiente ronda.

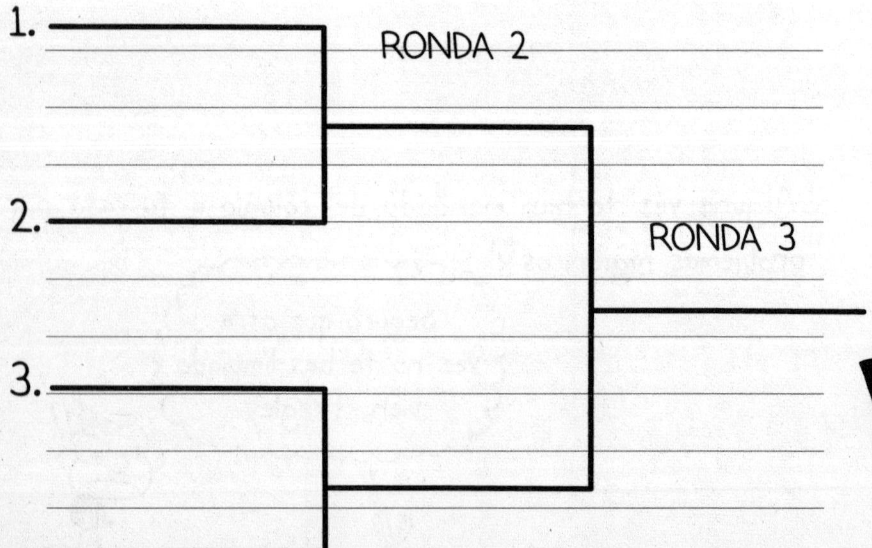

TORNEO

Por ejemplo, en una batalla entre tipos de desayuno podrías decidir que los cereales ganan a los huevos. Entonces los cereales pasarían a la siguiente ronda.

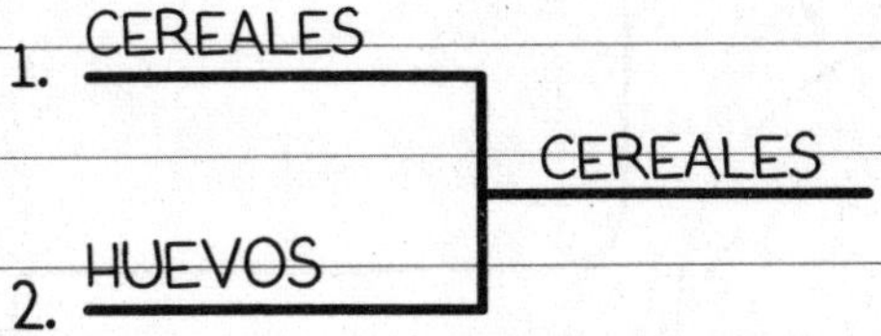

1. CEREALES
2. HUEVOS

CEREALES

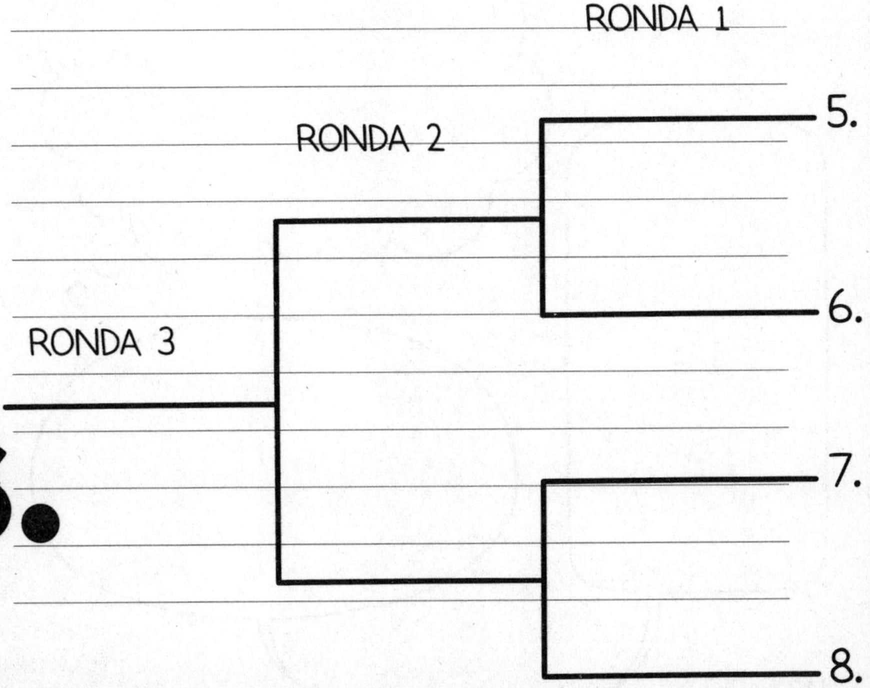

RONDA 1

RONDA 2

RONDA 3

5.

6.

7.

8.

S.

Autógrafos

Autógrafos

¿Qué ves en los

Observa estos borrones de tinta y escribe a qué crees que se parecen. ¡Tienes que usar tu imaginación! Lo que veas en los borrones probablemente dice cosas de tu personalidad... ¡Pero eres tú quien decide QUÉ!

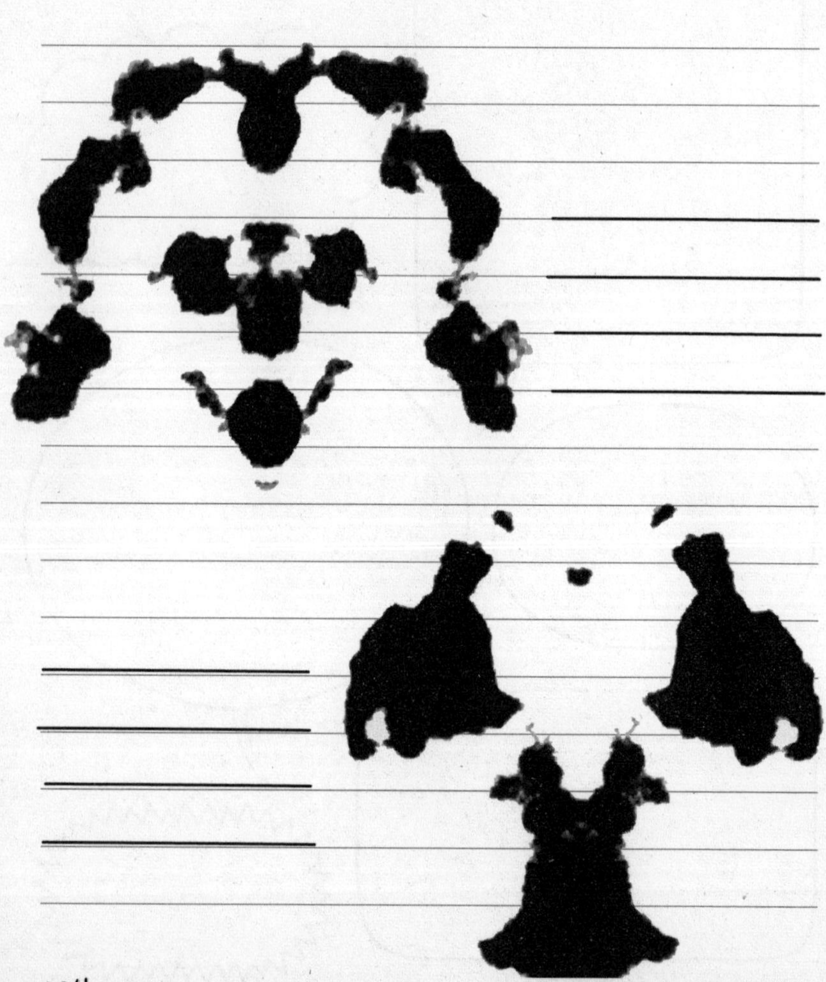

BORROONES DE TINTA?

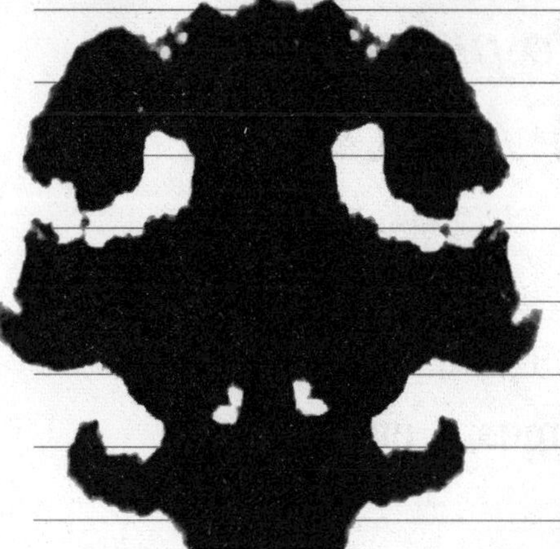

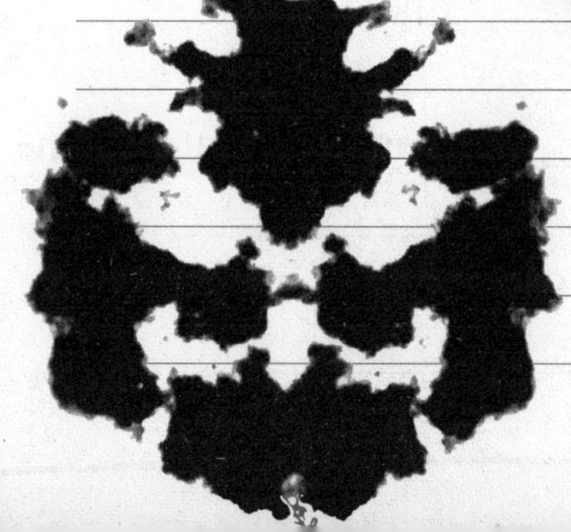

Capítulo primero

MI INFANCIA

Nací en ______________________ en ____________, _______. Medí ___ centímetros y pesé _______ kilogramos, y parecía _____ ______________________.

Me pasé los primeros meses de mi vida _____________ y_____________, hasta que cuando ya tenía ____ meses, al fin empecé a _________________.

Desde muy temprana edad, tuve gran habilidad para _____________, y sin embargo nunca me pude acostumbrar a ____________________. Me gustaba comer __________________, pero odiaba ___________________.

Cuando cumplí ____ años, empezó a interesarme mucho ____________________________, pero empezó a aburrirme al cumplir ____ años y me cambié a __________________________.

DE TU AUTOBIOGRAFÍA

De pequeño, me sobraba valor para __________________________________, y sin embargo me daba miedo ____________________________. De hecho, hasta el día de hoy, sigo sin acercarme a _________________________.

Mi mejor amigo de la infancia era un niño que se llamaba ______________________, y ahora trabaja como ________________ en _____________.

Mi más preciado tesoro de chiquito era ____________________________. Mi mejor fiesta de cumpleaños la tuve al cumplir _____, cuando _________ me regaló un _____________ nuevo. Mi programa de televisión favorito era ________ _______________________, y cuando no estaba viendo la tele era capaz de ____________________ ___________________ durante horas y horas.

De pequeño, todo el mundo me decía siempre que cuando fuera mayor un día iba a ser _____ __________________________. ¿Quién iba a imaginar que yo llegaría a ___________________________?

¡GAJES DEL OFICIO! por Rowley

¡Uff, qué pesadilla! ¡Soñaba que me habían enterrado vivo!

TREVOR
LA PATILLA PARLANTE
por Greg Heffley
Hola, me llamo Douglas.
Y yo soy Trevor, su patilla. Siempre estoy diciendo cosas inconvenientes que le causan problemas a Douglas.
¡Oye! ¿Sabes por dónde queda el parque?
Este...
Pues no, pero ¿sabías que te pareces mucho a tu perro?
¡Cállate, Trevor!
¿Qué has dicho?
Eh... ¡Nada, nada! ¡Lo retiro!
La verdad es que tu perro es más guapo que tú. Mis disculpas, perro.
GRRRR
¡PAF!

Tengo que hacer algo con esta endemoniada patilla.
PELUQUERÍA
¡Aquí es!
ABIERTO
¿Sería tan amable de afeitarme las patillas?
Pensándolo mejor, ¿podría romperme los dos brazos?
Lo que Ud diga, señor.
¡CRAK!
¡CHAS!
¡Rayos! ¡Ahora ni siquiera puedo afeitarme yo!
¡Qué pena!
FIN

Gareth, el FRIJOL VERDE

por Fregley

Gareth es un estudiante normal. Lo único que le ocurre es que es un frijol verde.

Gareth (tamaño natural)

Los compañeros de clase de Gareth siempre están metiéndose con él por su tamaño diminuto.

¡Eh! ¡Quítate de mi sitio!

No veo que tenga tu nombre puesto.

Estás a punto de convertirte en una manchita indeleble.

Gareth intenta practicar deportes, pero sin demasiada fortuna.

¡Chavos! ¡Miren lo que me cuelga de la nariz!

¡Suéltame, malvado!

JA
JA
JA

JA
JA
JA

Incluso los profesores en ocasiones le hacen pasar un mal rato.

Un día, a Gareth se le ocurre algo que lo pone muy contento.

Bueno, al menos soy especial, porque soy el primer frijol que estudia en esta escuela.

Gordon

Capitán del equipo de futbol
Premio al más popular.
Cuadro de honor

CREIGHTON EL HUMORISTA
por Greg Heffley

AHÍ VA MI PRIMER CHISTE: TOC, TOC.

¿QUIÉN ES?

¡SOY YO, CREIGHTON! ¿NO ES DIVERTIDO?
NO, NO ES DIVERTIDO. ¡NI SIQUIERA ES UN CHISTE!
¡VAYA! PUES YO PENSABA QUE ERA GRACIOSO.

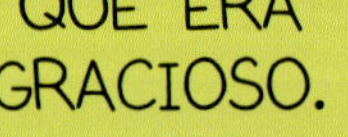

OK. TENGO UN BUEN CHISTE. ESTA ERA... Y LA GALLINA... Y ENTONCES TODOS CRUZARON LA CARRETERA. ¡CHIN! ME PARECE QUE LA REGUÉ.

¡QUÉ CHISTES MÁS MALOS!

BIEN, AHORA VOY
A LEER ALGUNOS
TITULARES
DISPARATADOS.
¡QUÉ BIEN!
¡ESA PARTE
ME GUSTA MUCHO!
¡A MÍ
TAMBIÉN!
"UN CAIMÁN DEVORA
A UN BAÑISTA"...
"UNA SEÑORA HA TROPEZADO
CON UN BACHE DE LA CALLE"...
"SE HA ESTRELLADO
UN AVIÓN"...
PERO ESO NO SON
TITULARES DISPARATADOS.
¡SON TRÁGICOS!
¡CHISPAS!
PUES YO CREÍA
QUE ERAN DISPARATADOS.
¡ERES EL PEOR
HUMORISTA
QUE HE VISTO
EN MI VIDA!
¡FUERA!
¡QUE
SE VAYA!

¡El
imperio
FEMENINO!
por Tabitha
Cutter y
Lisa Russel

Oye, ¿has visto hoy a Jessica Pratt?
Sí, llevaba tanto maquillaje que parecía un payaso.
Ji, ji
Ji, ji

Hola, Tabitha y Lisa. ¿Me puedo sentar con ustedes?
Lo siento, Amanda. No nos juntamos con personas que no tengan su propio teléfono celular.

Por cierto, ¿no llevas los mismos aretes que ayer?
Sí... bueno... es que...
PLAF

son las jefas

JEROME

El hombre de los LABIOS ROJO CARMÍN

POR GREG HEFFEY

JEROME EN EL GIMNASIO

¡EH, TÚ! ¿CÓMO ES QUE TE PINTAS LA BOCA CON LÁPIZ LABIAL?

NO LLEVO LA BOCA PINTADA, ES QUE MIS LABIOS SON ASÍ DE ROJOS.

¿QUÉ PASA? ¿ESTÁS DICIENDO QUE SOY UN MENTIROSO?

GULP

CENANDO EN CASA DEL JEFE

YA ESTÁ LISTA LA CENA... ¡JEROME! ¿HAS ESTADO BESANDO A MI ESPOSA?

NO, JEFE. ¡ES QUE MIS LABIOS SON ASÍ!

¡BONITA EXCUSA! ¡ESTÁS DESPEDIDO!

JEROME EN SU NUEVO TRABAJO

¡VOY A ROMPERLE LOS HUESOS A QUIEN SE HAYA TERMINADO MI JUGO DE CEREZAS!

¡AY!

La increíble Brigada Antipedos

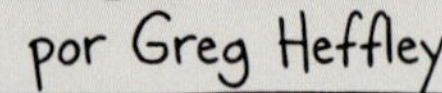
por Greg Heffley

¡ENHORABUENA, GRADUADOS!
¡Estamos orgullosos de ti, Joey!
¡Gracias, tía Lydia!

¡UY!
ABRAZO
¡PRR!

¡BRIGADA ANTIPEDOS!
¡Quedas detenido!
¡No ha sido culpa mía! ¡Se me ha escapado cuando mi tía me estaba abrazando!
BA
BA

Eso se lo cuentas al juez, niño.
BA
CLICK

¡BRIGADA ANTIPEDOS! ¡MANOS ARRIBA!
¡Creía que en los baños está permitido echarse un pun!
BA
BA

¡La ignorancia de la ley no exime de su cumplimiento!
BA
CLICK

¡BRIGADA ANTIPEDOS!
¡Lo hemos agarrado con las manos en la masa!
¡PUAAC!
Creo que se me ha debido meter un pato o algo así por dentro de los pantalones.
¡Seguro! Eso es lo que dicen todos.
Andando, a la comisaría
BA
¿Lo ven? ¡Ya se lo decía yo!
Esta vez ha tenido suerte.
No olvide que vamos a estar vigilándolo.
¡PUAAC!
PRÓXIMO EPISODIO: LA BRIGADA ANTIPEDOS INTERVIENE EN UNA FÁBRICA DE ABONO

Eugenio el Feo
por Greg Heffley

Me llamo sólo "Eugenio".
Pues deberías llamarte sólo "el Feo"
¡Maldición!

¡Hola, chicas! ¿Qué hay de nuevo?
Nada nuevo, sigues tan feo como siempre.
¡Ja, ja!

Hola mamá, ¿a ti te parezco feo?
No, hijo. Me pareces muy feo.
Cielos.

¡Al diablo! Ya estoy harto de ser feo, así que voy a solucionarlo.
Podrías empezar por embadurnarte la cara con una mascarilla de mugre.
¡Ja, ja, ja!

Doctor, ¿podría volverme guapo?
Sí, pero le voy a tener que cobrar una tarifa extra.
¿Por qué?
Porque voy a tener que estar contemplando esto durante doce horas.
¡Oh!
12 HORAS DESPUÉS...
¡Hola, chicas! ¿Les gusto ahora?
Pssst. No mucho. Mira lo que dice el periódico de hoy.
DIARIO news
Los feos se ponen de moda
Según las últimas encuestas, la gente guapa es una peste
¡Maldición!

ACCIÓN TREPIDANTE por Rowley

LA HISTORIA CONTINÚA...

EL KAPITÁN KLOBBER ESTÁ A PUNTO DE PROPINARLE A MR. PUNCHO UN SARTENAZO EN LA CABEZA.

NO SE PIERDAN LA SEMANA PRÓXIMA: ¡EL REGRESO DE MR. PUNCHO!

CREIGHTON EL DINOSAURIO

¡Eh! ¡Ahí está Gareth! ¡Vamos a darle un pisotón!

¡No, que no me quiero ensuciar el zapato de jugo de frijol verde!

¡Ja ja ja!

!

¡Vaya pareja de imbéciles! Tengo que conseguir algún tipo de poder sobre ellos... Pero ¿cómo?

Apúnteme a la votación para presidente
ELECCIONES ESTUDIANTILES
Se publican los resultados...
EL PERIÓDIC
GARETH GANADOR
¡Ahora todos ustedes son mis súbditos. ¡Hagan una reverencia a su nuevo amo!
¡Cállate ya, estúpida leguminosa!
Sólo eres un presidente FRIJOL VERDE.
No sólo eso, sino que eres el presidente frijol verde de un CONSEJO DE ESTUDIANTES.
Caramba.
PRÓXIMO EPISODIO: LA VENGANZA DE GARETH

Joshie
ACTION COMIX
Volumen 4
Número 9
PROBLEMA DOBLE
UN SÁBADO POR LA TARDE, EN UNA CIUDAD CUALQUIERA DE ESTADOS UNIDOS...
¡NIÑOS. ES HORA DE QUE RECOJAN SU HABITACIÓN Y SE PREPAREN PARA IR A LA CAMA!
¡NO, PAPÁ! ¿TAN PRONTO?
¡TIENEN QUE OBEDECER A SU PADRE!
¡CHIN, QUÉ ROLLO!
EN ESE MOMENTO...
PAFF
¡¡¡JOSHIE!!!
¡EN EFECTO, CHAVOS! ¡SOY JOSHIE, LA SENSACIÓN DE LA CANCIÓN EUROPEA!
¡JOSHIE, QUÉ SORPRESA TENERTE AQUÍ! ¡AYER MISMO COMPRAMOS TU SINGLE "2 TOUGH 2 BE MEAN", QUE SE PODÍA DESCARGAR EN TU PÁGINA WEB!

GIRA LA PÁGINA

¡¡¡HURRA!!!
JOSHIE, ¿QUÉ PODEMOS HACER PARA PAGARTE?
¡TAN SÓLO LES PIDO QUE DESCARGUEN MI NUEVO SINGLE "CHILDREN OF THE WORLD", QUE ESTÁ DISPONIBLE ON-LINE POR 3,99 DÓLARES.
TODOS LOS NIÑOS DEL MUNDO JUNTOS VAMOS A PROMETER HACER CASO A NUESTROS PADRES Y SIEMPRE OBEDECER
SABEMOS QUE NUESTROS PADRES NOS QUIEREN Y SEREMOS BUENOS, SEREMOS OBEDIENTES Y NO PELEAREMOS
¡ÉSE SÍ QUE ES UN MENSAJE ASIMILABLE PARA TODOS!
¡AHORA DEBO IRME, NIÑOS! TAN SÓLO RECUERDEN AQUELLO DE "RESPETA A TUS PADRES..."
"¡... Y PERSIGUE TUS SUEÑOS!"
FIN

¡EH, CHAVOS!

¡AHORA PUEDEN REVIVIR TODA LA EMOCIÓN DE LOS ACTION COMIX DE JOSHIE CON EL NUEVO

¡PATADA! *

¡NO DIGAS GROSERÍAS!

¡SUPER PADRE!

¡PÓRTATE BIEN!

¡Chavos! ¡PUEDEN PONER A JOSHIE EN POSTURAS DE ACCIÓN SUPERTREPIDANTE!

¡Chavas! ¡COLOQUEN A JOSHIE SUS ACCESORIOS CON EL PACK SOÑADO DE POP STAR!

* JOSHIE NO APRUEBA LA VIOLENCIA. JOSHIE ENTERPRISES NO SE HACE RESPONSABLE POR LAS LESIONES QUE SE PUEDAN PRODUCIR AL IMITAR LOS MOVIMIENTOS DE JOSHIE EN ACCIÓN.

Gareth, el FRIJOL VERDE en

LA VENGANZA DE GARETH

por Fregley

Un día, Gareth recibe cierto mensaje en su correo...

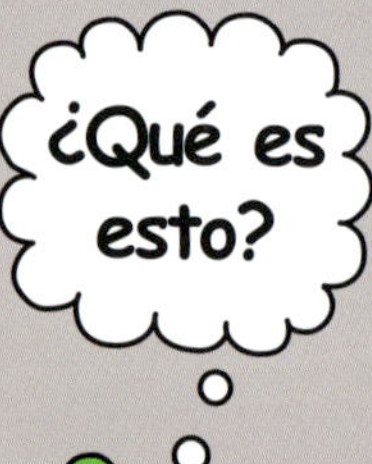

Apreciado Gareth,

¡Has sido elegido para asistir a la Escuela Greenwarts de Magos y Brujos! *

* Que no tiene ninguna relación con la Escuela Hogwarts de Magia y Hechicería

Y así, ¡Gareth decide asistir!
¡Recuerda que con el poder llega la responsabilidad!
Sí, sí, sí, claro. ¡Pero deme de una vez mi varita y mi sombrero!
INSCRIPCIÓN
Siete largos años después, Gareth regresa a su ciudad de origen.
¡Sientan mi CÓLERA, estúpidos!
ZIP
¡Oye! ¡Eso hace cosquillas!
¡Je je je!
Me parece que como eres un frijol, tus poderes sólo son del tamaño de un frijol.
Rackum frackum.

Poochie el único *por Eldridge Perro*

Antix en la oficina *por Bert Salas*

¡Oh, Grampsie! *por Beverly Bliss*

por Rowley Jefferson

Querido Diario,

Hoy he gastado todo el dinero de mi asignación en un regalo para Greg. Es mi mejor amigo en todo el mundo donde los haya, así que he comprado un collar que podamos llevar ambos, para hacer oficial nuestra amistad.

Resulta que a Greg no le gustan las alhajas, pero de todos modos yo pienso llevar puesta mi mitad.

A lo mejor es que Greg todavía está enojado conmigo por lo que hice el sábado cuando me quedé a dormir en su casa.

Me agarró en el baño, probándome su arco extraoral y me estuvo gritando durante diez minutos.

A veces Greg se desespera conmigo y me llama de todo, pero no me importa mucho. Sé que sigo siendo un chico maravilloso y encantador, porque mi papá y mi mamá me lo están repitiendo siempre.

Querido Diario,

Estoy muy contento de tener a Greg como mi mejor amigo, porque siempre me está ayudando en la escuela. Como hoy, que me avisó que los letreros de los baños de niños y niñas en el gimnasio estaban cambiados.

Bueno, pues resulta que en esta ocasión a Greg se le cruzaron los cables.

Me mandaron a la oficina del director y luego busqué a Greg para decirle que los letreros no estaban cambiados.

Greg suele cometer muchos errores de este tipo. El año pasado me dijo que al día siguiente era el Día del Piyama en el colegio, y resulta que estaba equivocado.

Por suerte, a Greg se le olvidó ponerse su piyama para ir a la escuela así que no hizo el ridículo él también.

A veces Greg es un poco cascarrabias, pero yo siempre estoy haciendo cosas para divertirlo.

Ahora pueden ver por qué Greg y yo somos tan buenos amigos y por qué siempre lo seremos.

PARA SIEMPRE

Diseña tu Propia PORTADA

Cuenta aquí TU VIDA

Utiliza el resto de este libro para llevar una crónica diaria, escribir una novela, dibujar historietas o contar tu propia vida.

No importa lo que hagas, pero cuando acabes es importante que guardes este libro en un lugar seguro.

Porque cuando seas rico y famoso va a valer una FORTUNA.

SECURITY

FP

EL AUTOR

(ÉSE ERES TÚ)

AGRADECIMIENTOS

(LA GENTE A LA QUE QUIERES EXPRESAR TU GRATITUD)